Impressum
Verlag: BABADADA GmbH, Nedderfeld 112 , 22529 Hamburg
Geschäftsführer / Verlagsleitung: Harald Hof
Druck: Books on Demand GmbH, In de Tarpen 42, 22848 Norderstedt

Imprint
Publisher: BABADADA GmbH, Nedderfeld 112 , 22529 Hamburg, Germany
Managing Director / Publishing direction: Harald Hof
Print: Books on Demand GmbH, In de Tarpen 42, 22848 Norderstedt, Germany

xue xiao

المدرسة

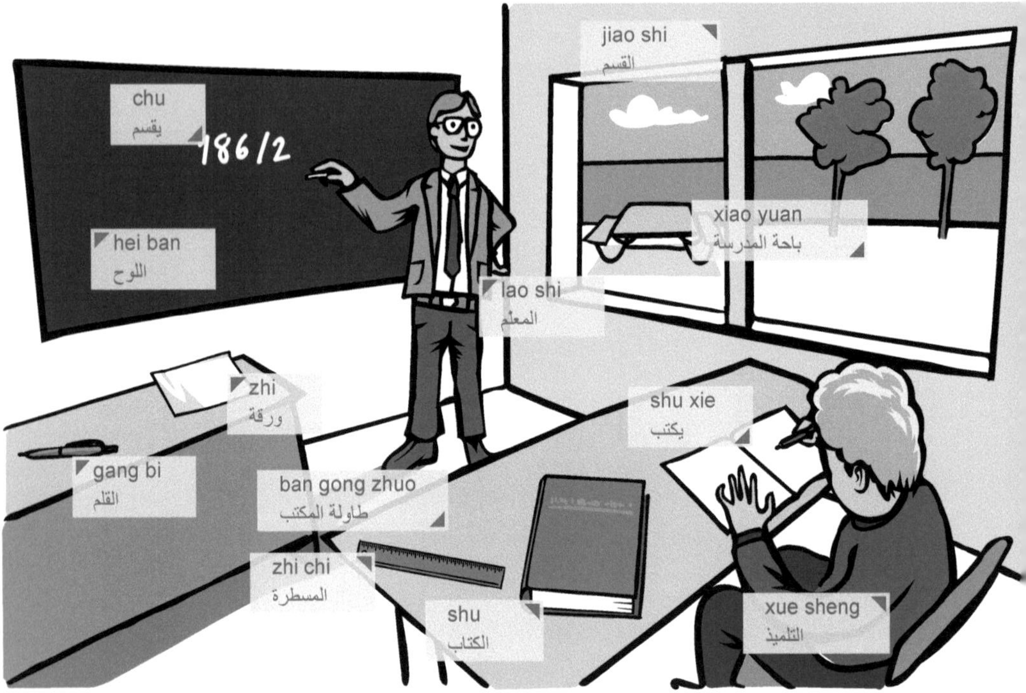
jiao shi
القسم
chu
يقسم
186/2
hei ban
اللوح
xiao yuan
باحة المدرسة
lao shi
المعلّم
zhi
ورقة
shu xie
يكتب
gang bi
القلم
ban gong zhuo
طاولة المكتب
zhi chi
المسطرة
shu
الكتاب
xue sheng
التلميذ

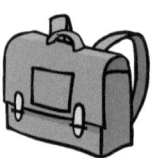

shu bao
الحقيبة المدرسية

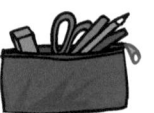

qian bi he
المقلمة

qian bi
قلم الرصاص

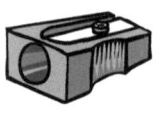

juan bi dao
البرّاية

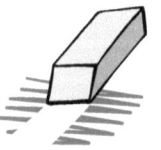

xiang pi ca
الممحاة

hua ban
دفتر الرسم

tu hua

الرسمة

hua bi

الفرشاة

yan liao he

علبة التلوين

jian dao

المقص

jiao shui

المادة اللاصقة

lian xi ce

دفتر التمارين

jia ting zuo ye

الواجب المدرسي

shu zi

الرقم

jia

يجمع

jian

يطرح

cheng

يضرب

ji suan

يحسب

zi mu

الحرف

zi mu biao

الأبجدية

zi

كلمة

ke wen

النص

du

يقرأ

fen bi

الطبشور

shang ke

الحصة

deng ji

دفتر الدوام المدرسي

kao shi

الامتحان

zheng shu

شهادة

xiao fu

اللباس المدرسي

jiao yu

التعليم

bai ke quan shu

الموسوعة

da xue

الجامعة

xian wei jing

المجهر

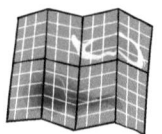

di tu

الخريطة

fei zhi kuang

قماما

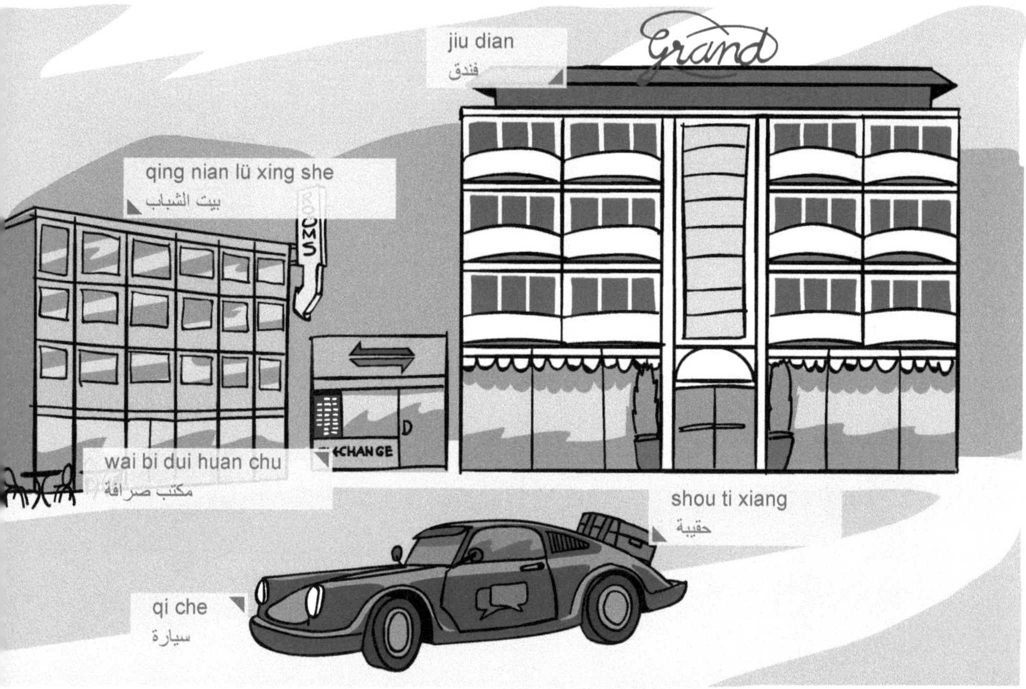

jiu dian
فندق
Grand
qing nian lü xing she
بيت الشباب
ROOMS
wai bi dui huan chu
مكتب صرافة
CHANGE
shou ti xiang
حقيبة
qi che
سيارة

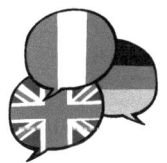

yu yan
....
اللغة

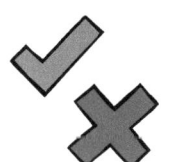

shi/fou
....
نعم / لا

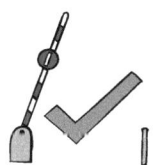

hao de
....
حسناً

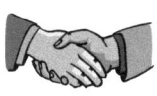

nin hao
....
مرحباً

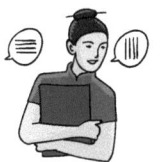

fan yi yuan
....
مترجم

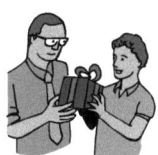

xie xie
....
شكراً

.....duo shao qian?

كم ثمن ... ؟

wo bu ming bai

لا أفهم

wen ti

مشكلة

wan shang hao!

مساء الخير

zao shang hao!

صباح الخير!

wan an!

ليلة سعيدة

zai jian

إلى اللقاء

fang xiang

اتجاه

xing li

أمتعة السفر

bao

حقيبة

shuang jian bao

حقيبة ظهر

ke ren

ضيف

fang jian

غرفة

shui dai

كيس للنوم

zhang peng

خيمة

lü you xin xi

استعلامات سياحية

hai tan

شاطئ

xin yong ka

بطاقة انتمان

zao can

إفطار

wu can

طعام الغداء

wan can

العشاء

piao

بطاقة سفر

dian ti

مصعد

you piao

طابع بريدي

bian jie

حدود

hai guan

الجمارك

da shi guan

سفارة

qian zheng

تأشيرة

hu zhao

جواز سفر

jiao tong yun shu

نقل

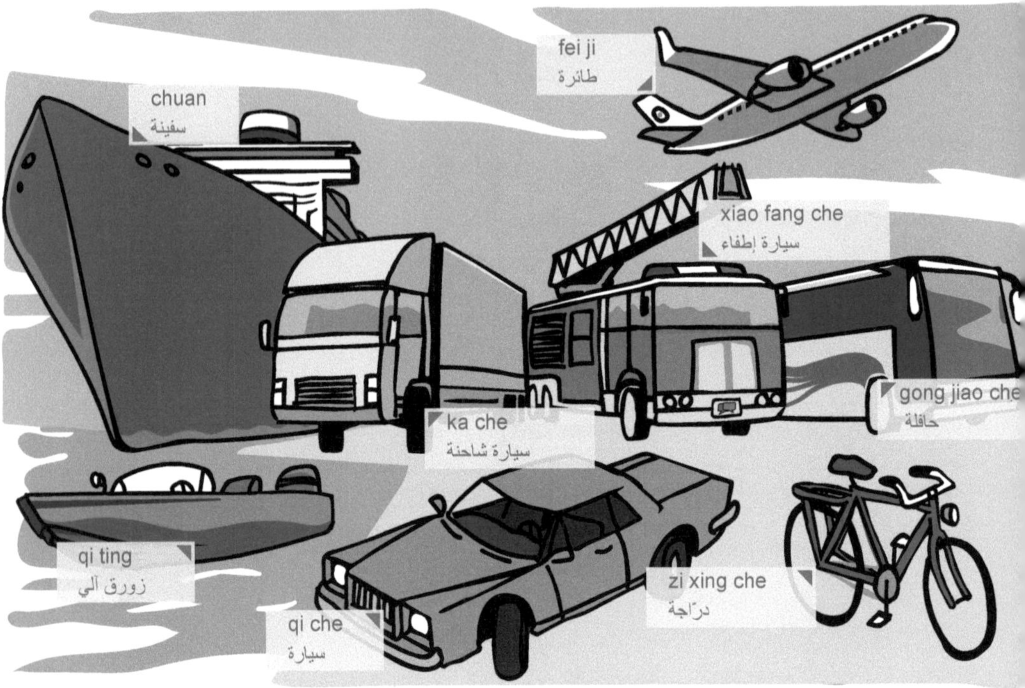
fei ji
طائرة
chuan
سفينة
xiao fang che
سيارة إطفاء
gong jiao che
حافلة
ka che
سيارة شاحنة
qi ting
زورق آلي
qi che
سيارة
zi xing che
درّاجة

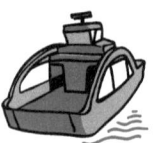

bai du chuan

عبارة

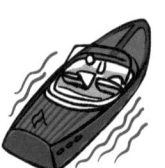

xiao chuan

قارب

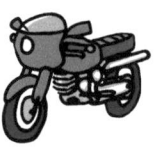

mo tuo che

دراجة نارية

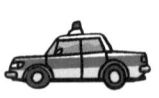

jing che

سيارة شرطة

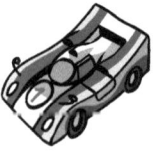

sai che

سيارة سباق

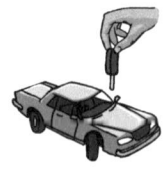

zu che

سيارة مستأجرة

pin che

آسلوب تشاركي في استئجار السيارات

tuo che

سيارة للجر

la ji che

سيارة نقل القمامة

fa dong ji

محرك

qi you

وقود

jia you zhan

محطة وقود

jiao tong biao zhi

إشارة مرور

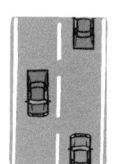

jiao tong

حركة السير

jiao tong du sai

ازدحام سير

ting che chang

موقف سيارات

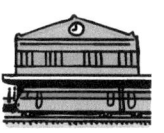

huo che zhan

محطة قطار

gui dao

سكك حديدية

huo che

قطار

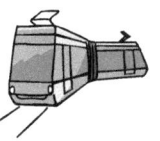

dian che

ترام

huo che

عربة قطار

zhi sheng ji

طائرة مروحية

ji chang

مطار

ta

برج

cheng ke

مسافر

ji zhuang xiang

حاوية

zhi ban xiang

علبة كرتون

shou tui che

عربة يد

lan zi

سلة

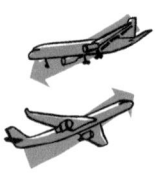

qi fei/jiang luo

يقلع / يهبط

cheng shi

مدينة

cun zhuang

قرية

shi zhong xin

مركز المدينة

fang zi

بيت

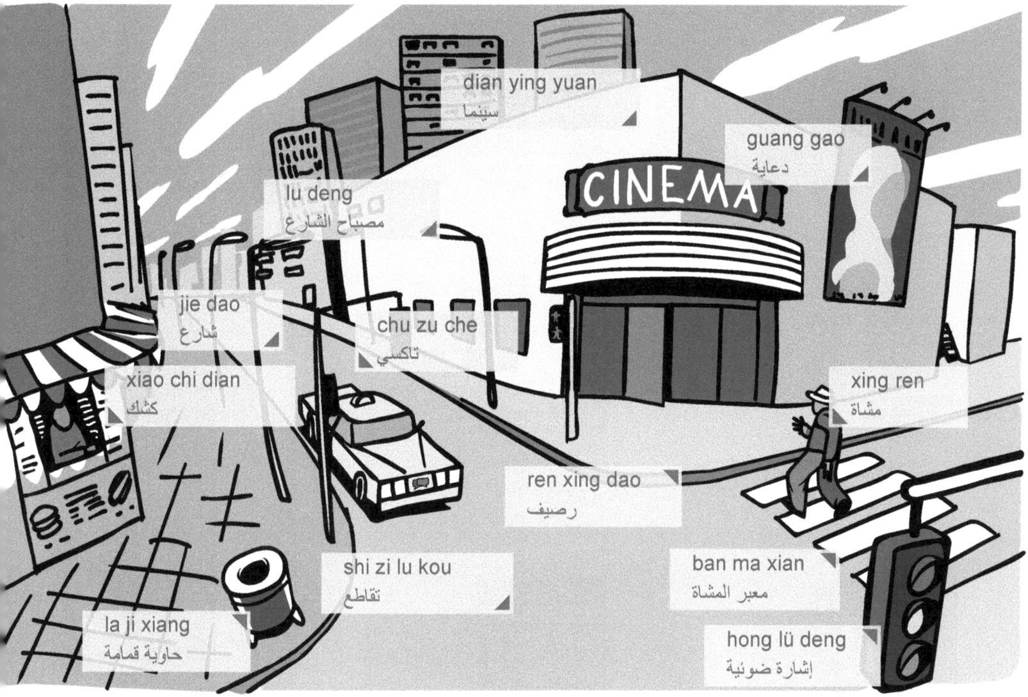

dian ying yuan
سينما

guang gao
دعاية

lu deng
مصباح الشارع

jie dao
شارع

chu zu che
تاكسي

xiao chi dian
كشك

xing ren
مشاة

ren xing dao
رصيف

shi zi lu kou
تقاطع

ban ma xian
معبر المشاة

la ji xiang
حاوية قمامة

hong lü deng
إشارة ضوئية

CINEMA

xiao wu
كوخ

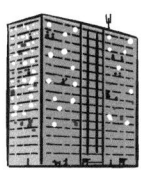

gong yu
شقة

huo che zhan
محطة قطار

shi zheng ting
دار البلدية

bo wu guan
متحف

xue xiao
المدرسة

da xue

الجامعة

yin hang

مصرف

yi yuan

المستشفى

jiu dian

فندق

yao fang

صيدلية

ban gong shi

مكتب

shu dian

مكتبة

shang dian

متجر

hua dian

محل لبيع الزهور

chao shi

سوبرماركت

shi chang

سوق

bai huo shang dian

متجر كبير

yu dian

تاجر السمك

gou wu zhong xin

مركز تسوّق

haı gang

ميناء

gong yuan

حديقة عامة

chang deng

مقعد

qiao

جسر

lou ti

درج، سلم

di tie

مترو

sui dao

نفق

gong jiao che zhan

موقف حافلات

jiu ba

بار

can guan

مطعم

you tong

صندوق البريد

lu biao

لافتة باسم الشارع

ting che ji shi qi

مقياس زمن الوقوف

dong wu yuan

حديقة حيوانات

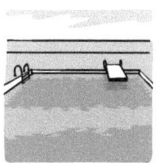

you yong guan

مسبح

qing zhen si

مسجد

nong chang

مزرعة

wu ran

تلوث البيئة

mu di

مقبرة

jiao tang

كنيسة

cao chang

ملعب الأطفال

si miao

معبد

di xing

طبيعة ريفية

shu ye
ورقة

zhi shi pai
علامة إرشاد

lu
طريق

cao di
مرج

shi tou
حجر

shu
شجرة

tu bu lü xing zhe
رحالة

he
نهر

cao
عشب

hua
زهرة

xia gu

وادٍ

shan

جبل

hu

بحيرة

sen lin

غابة

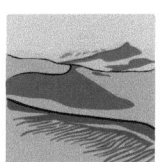

sha mo

صحراء

huo shan

بركان

cheng bao

قلعة

cai hong

قوس قزح

mo gu

فطر

zong lu shu

نخلة

wen zi

بعوض

cang ying

ذبابة

ma yi

نملة

mi feng

نحلة

zhi zhu

عنكبوت

jia chong

خنفساء

qing wa

ضفدعة

song shu

سنجاب

ci wei

قنفذ

ye tu

أرنب

mao tou ying

بومة

niao

عصفور

tian e

بجعة

ye zhu

خنزير بري

lu

غزال

mi lu

إلكة

shui ba

سد

feng li fa dian ji

دولاب الطاحونة الهوائية

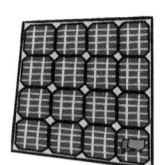

tai yang neng dian chi ban

خلية شمسية

qi hou

مناخ

can guan

مطعم

fu wu yuan
نادل
cai dan
لائحة الطعام
yi zi
كرسي
tang
حساء
pi sa bing
بيتزا
zhuo bu
غطاء المائدة
can ju
أدوات المائدة

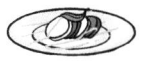

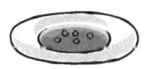

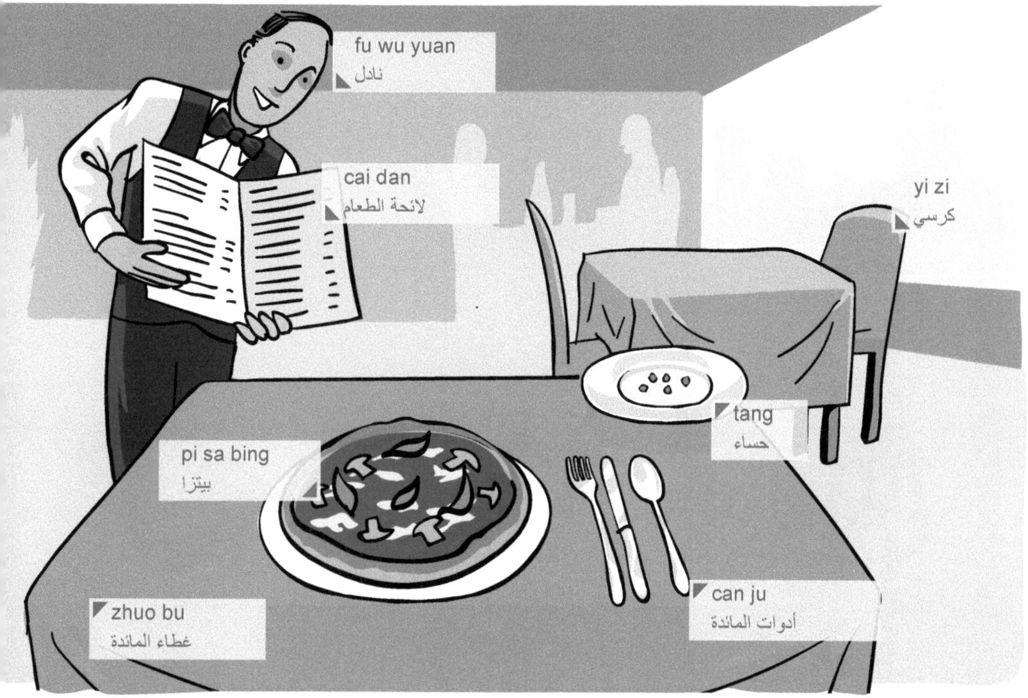

qian cai

مقبلات

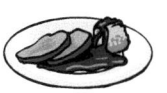

zhu cai

الصحن الرئيسي

tian dian

حلوى أو فاكهة بعد الطعام

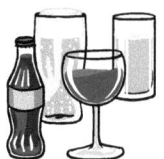

yin liao

مشروبات

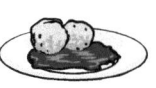

shi wu

طعام

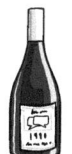

ping zi

زجاجة

kuai can

وجبات سريعة

jie bian xiao chi

طعام الشارع

cha hu

إبريق الشاي

tang he

علبة السكر

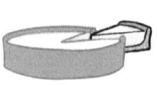

yi fen fan cai

حصّة

yi shi ka fei ji

آلة الإسبريسو

gao jiao yi

كرسي عالٍ

zhang dan

فاتورة

tuo pan

صينية

dao

سكين

can cha

شوكة

shao zi

ملعقة

cha chi

ملعقة الشاي

can jin

منديل المائدة

bo li bei

كأس

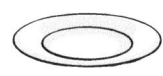

die zi

صحن

tang pan

صحن الحساء

die zi

صحن الفنجان

jiang

صلصة

yan ping

مملحة

hu jiao mo

مطحنة الفلفل

cu

خلّ

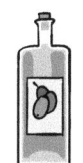

shi yong you

زيت الطعام

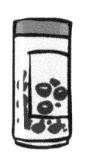

tiao wei liao

توابل

fan qie jiang

كتشاب

jie mo

خردل

dan huang jiang

مايونيز

chao shi
سوبرماركت

te jia
عرض خاص
FOR
gu ke
زبون
ru zhi pin
مشتقات الحليب
shui guo
فواكه
gou wu che
عربة تسوّق

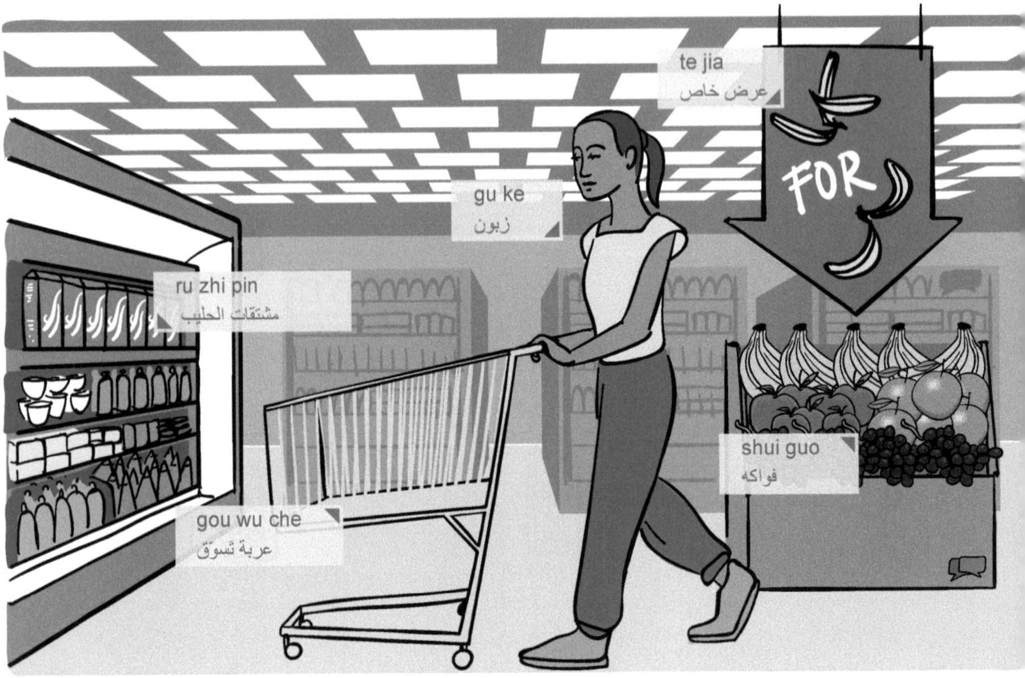

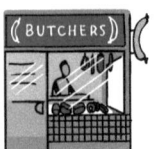

BUTCHERS

rou pu

جزّار

BAKERY

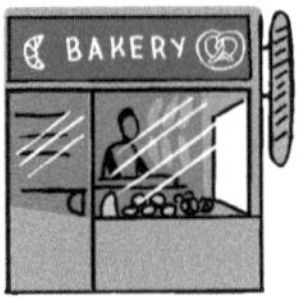

mian bao fang

مخبز

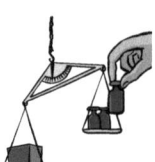

cheng zhong

يزن

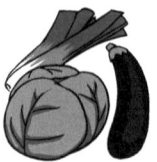

shu cai

خضار

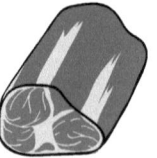

rou

لحم

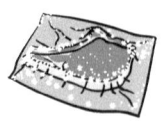

leng dong shi pin

المأكولات المجمّدة

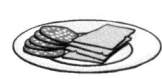

leng pan

مرتدلا أو جبن

guan tou shi pin

معلبات

xi yi fen

مسحوق الغسيل

tian shi

حلويات

ri yong pin

المواد المنزلية

qing jie yong pin

منظفات

xiao shou yuan

بائعة

shou yin ji

صندوق الحساب

shou yin yuan

أمين صندوق

gou wu qing dan

قائمة المشتريات

kai fang shi jian

أوقات العمل

qian bao

محفظة النقود

xin yong ka

بطاقة ائتمان

dai zi

حقيبة

su liao dai

كيس بلاستيكي

shui

ماء

guo zhi

عصير

niu nai

حليب

ke le

كولا

hong jiu

نبيذ

pi jiu

بيرة

jiu

كحول

ke ke

كاكاو

cha

شاي

ka fei

قهوة

yi shi nong suo ka fei

قهوة إسبريسو

ka bu qi nuo

كابوتشينو

xiang jiao

موزة

ping guo

تفاح

cheng zi

برتقال

xi gua

بطيخ

ning meng

ليمون

hu luo bo

جزرة

da suan

ثوم

zhu zi

خيزران

yang cong

بصل

mo gu

فطر

jian guo

لوزيات

mian tiao

شعيرية

yi da li mian tiao

سباغيتّي

mi fan

أرزّ

sha la

سلطة

shu tiao

بطاطا مقلية

zha tu dou

بطاطا مقلية

pi sa bing

بيتزا

han bao bao

هامبورغر

san ming zhi

ساندويش

zha zhu pai

شريحة لحم مقلية

huo tui

لحم خنزير

sa la mi

سلامي

xiang chang

سجق

ji rou

دجاج

kao rou

لحم محمّر

yu

سمك

yan mai pian

دقيق الشوفان

mu zi li

موسلي

yu mi pian

كورن فلكس

mian fen

طحين

yang jiao mian bao

كرواسان

mian bao juan

خبز صغير

mian bao

خبز

kao mian bao

خبز محمص

bing gan

بسكويت

huang you

زبدة

ning ru

لبن زبادي

dan gao

كعكة

dan

بيضة

jian dan

بيض مقلي

nai lao

جبنة

bing ji lin

مثلجات

tang

سكر

feng mi

عسل

guo jiang

مربّى الفاكهة

qiao ke li jiang

كريم النوغا

ga li fan

الكاري

nong chang
مزرعة

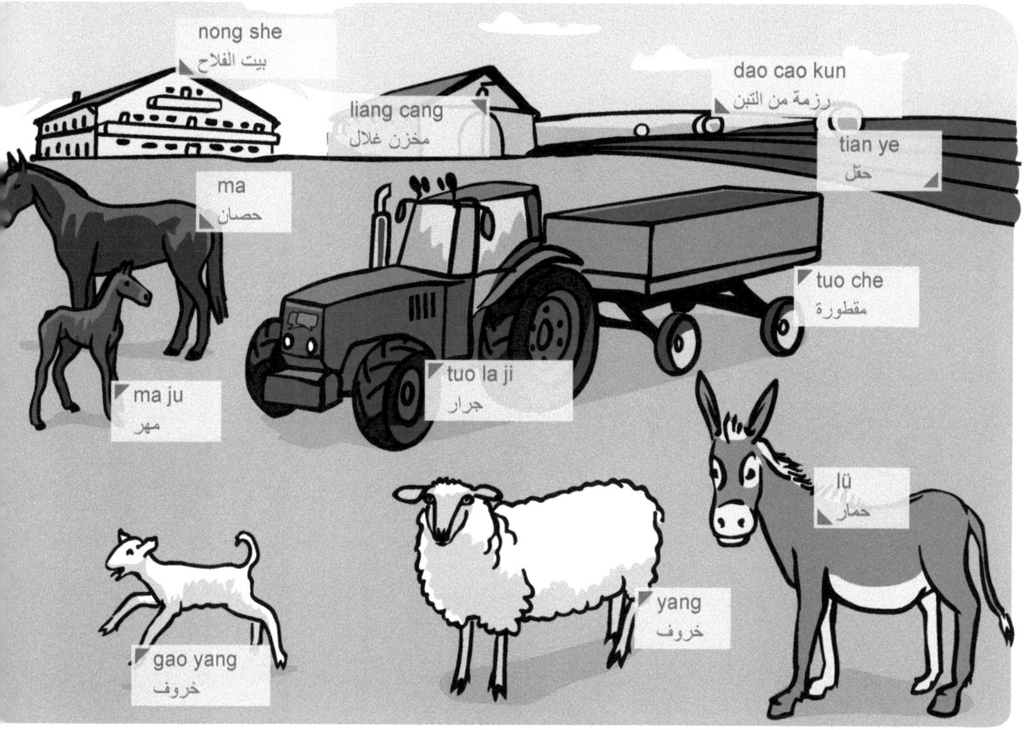
nong she
بيت الفلاح
liang cang
مخزن غلال
dao cao kun
رزمة من التبن
tian ye
حقل
ma
حصان
tuo che
مقطورة
tuo la ji
جرار
ma ju
مهر
lü
حمار
yang
خروف
gao yang
خروف

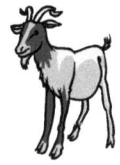

shan yang
ماعز

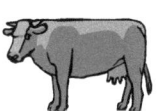

nai niu
بقرة

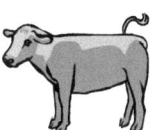

niu du
عجل

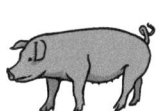

zhu
خنزير

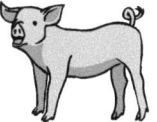

xiao zhu
خنزير صغير

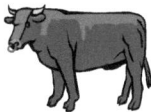

gong niu
ثور

e

إوزّة

ya

بطة

xiao ji

صوص

mu ji

دجاجة

gong ji

ديك

shu

جرذ

mao

قطة

lao shu

فأر

niu

ثور

gou

كلب

gou wu

كوخ الكلب

hua yuan jiao shui ruan guan

خرطوم الحديقة

sa shui hu

إبريق

chang bing da lian dao

منجل

li

المحراث

lian dao

منجل

chu tou

معزقة

chang bing cao pa

مذراة الزبل

fu tou

بلطة

du lun shou tui che

عربة يد

si liao cao

معلف

niu nai guan

صفيحة الحليب

ma bu dai

كيس

zha lan

سياج

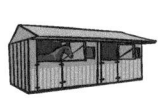

ma jiu

اصطبل

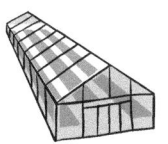

wen shl

دفيئة

tu rang

تربة

zhong zi

بذور

fei liao

سماد

lian he shou ge ji

حصّادة درّاسة

nong chang - مزرعة

29

shou ge

يحصد

shou ge

محصول

shan yao

بطاطا يامس

xiao mai

قمح

da dou

صويا

tu dou

بطاطا

yu mi

ذرة

you cai zi

سلجم

guo shu

شجرة فاكهة

shu shu

نبات منيهوت

gu wu

الحبوب

fang zi
بيت

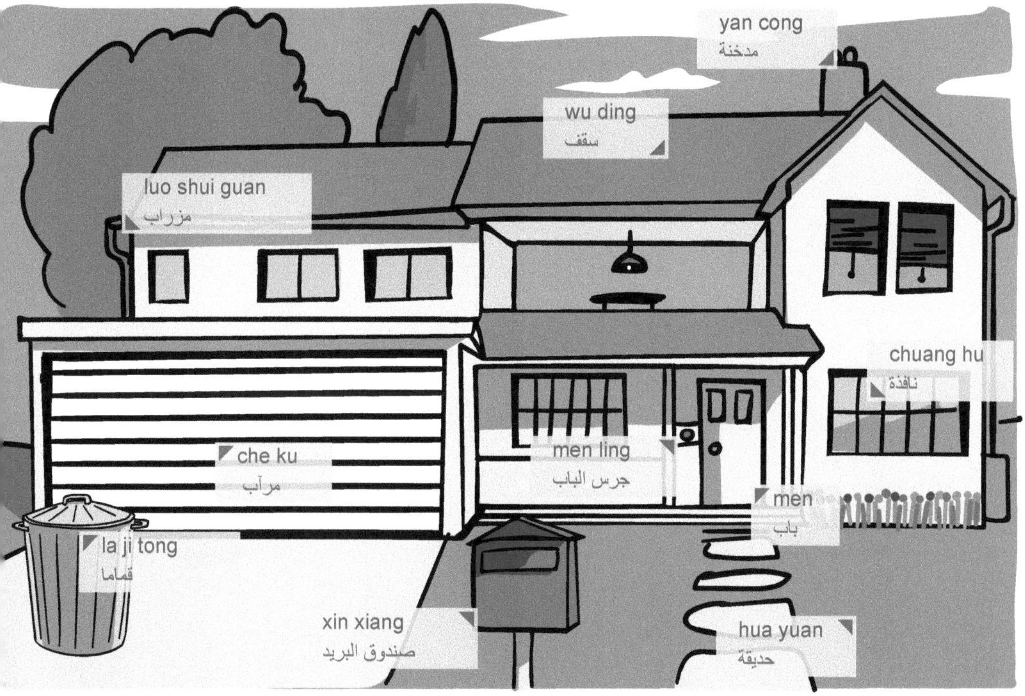

yan cong
مدخنة
wu ding
سقف
luo shui guan
مزراب
chuang hu
نافذة
che ku
مرآب
men ling
جرس الباب
men
باب
la ji tong
قماما
xin xiang
صندوق البريد
hua yuan
حديقة

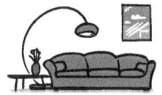

ke ting

غرفة جلوس

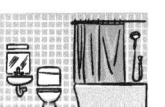

yu shi

الحمّام

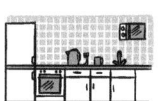

chu fang

مطبخ

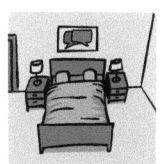

wo shi

غرفة النوم

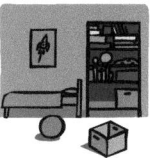

er tong fang

غرفة الأطفال

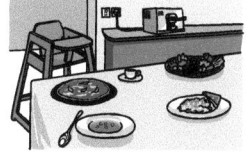

can ting

غرفة الطعام

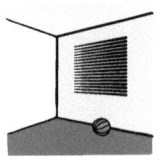

di ban

أرضية

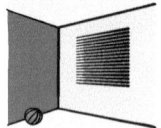

qiang bi

حائط

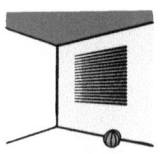

diao ding

سقف

di jiao

قبو

sang na

ساونا

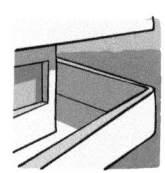

yang tai

بلكون

lu tai

شرفة

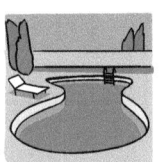

you yong chi

مسبح

ge cao ji

جزّازة العشب

bei dan

بياضات السرير

chuang zhao

بطانية

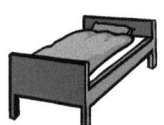

chuang

سرير

sao zhou

مكنسة

shui tong

سطل

kai guan

مفتاح كهربائي

ke ting
غرفة جلوس

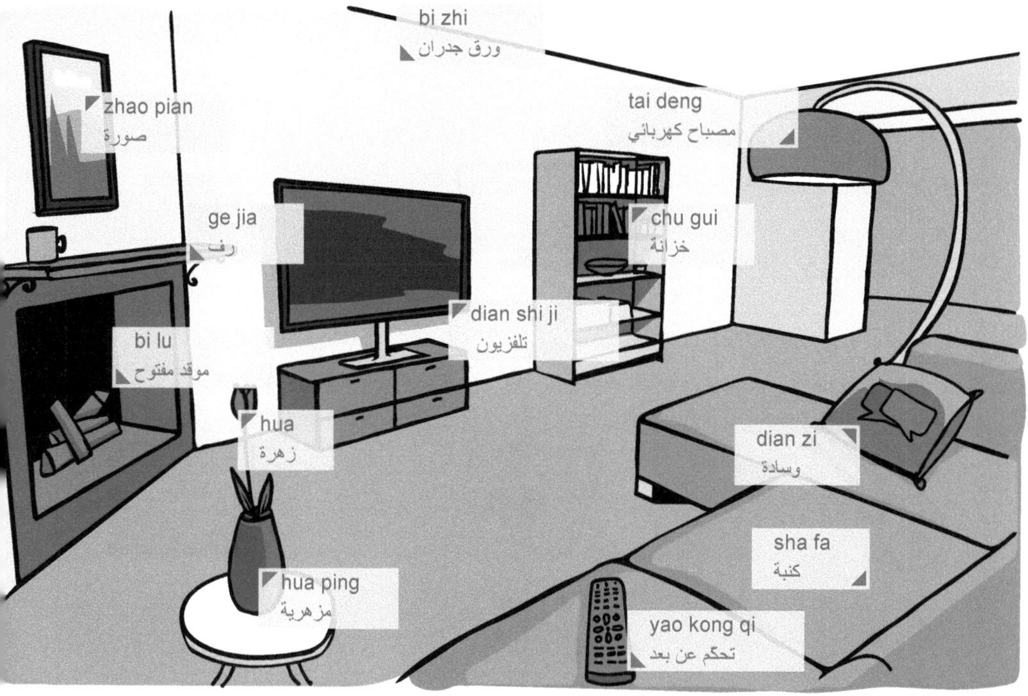
bi zhi
ورق جدران
zhao pian
صورة
tai deng
مصباح كهربائي
ge jia
رف
chu gui
خزانة
dian shi ji
تلفزيون
bi lu
موقد مفتوح
hua
زهرة
dian zi
وسادة
sha fa
كنبة
hua ping
مزهرية
yao kong qi
تحكم عن بعد

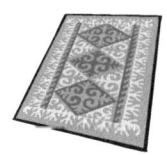

di tan

بصاط

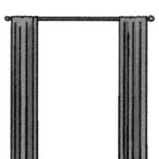

chuang lian

ستارة

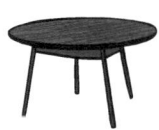

can zhuo

طاولة

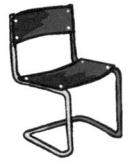

yi zi

كرسي

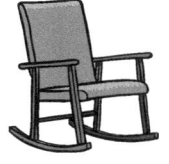

yao yi

كرسي هزّاز

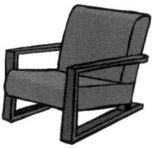

fu shou yi

كرسي ذو ذراعين

shu

الكتاب

tan zi

بطانية

zhuang shi pin

زخرفة

mu chai

الحطب

dian ying

فيلم

gao bao zhen yin xiang

تجهيزات ستيريو

yao shi

مفتاح

bao zhi

جريدة

you hua

لوحة مرسومة

hai bao

مُلصق

shou yin ji

راديو

bi ji ben

دفتر ملاحظات

xi chen qi

المكنسة الكهربائية

xian ren zhang

صبّار

la zhu

شمعة

chu fang
مطبخ

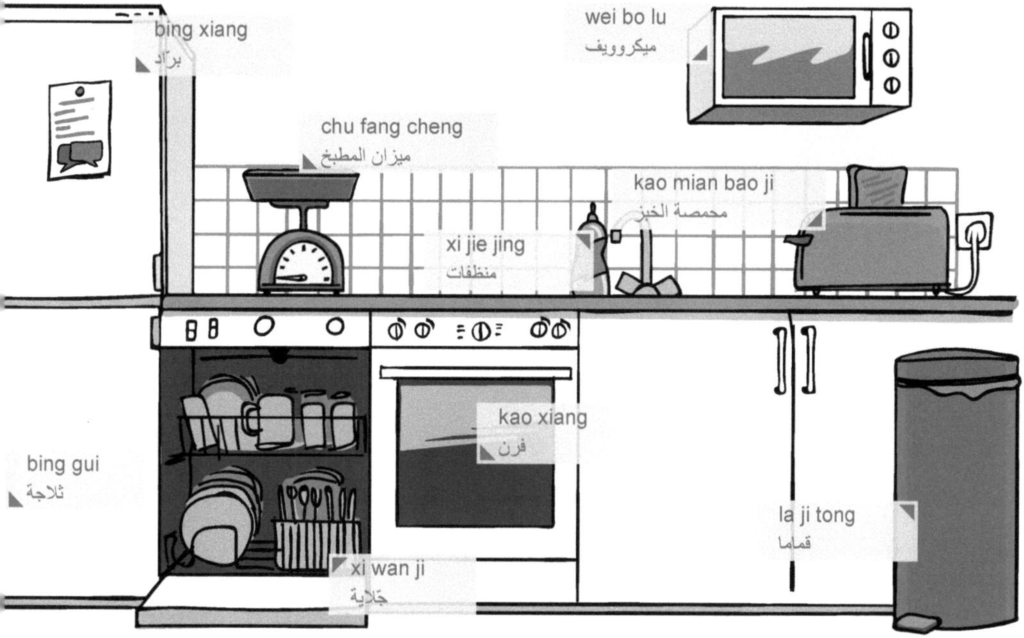

bing xiang
برّاد
wei bo lu
ميكروويف
chu fang cheng
ميزان المطبخ
kao mian bao ji
محمصة الخبز
xi jie jing
منظفات
kao xiang
فرن
bing gui
ثلاجة
la ji tong
قماما
xi wan ji
جلّاية

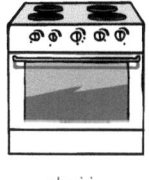

chui ju

موقد

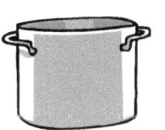

guo

قِدر

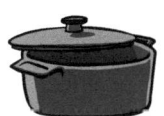

zhu tie guo

وعاء من الحديد

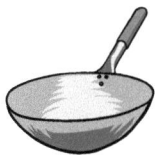

sha guo

قدر صيني

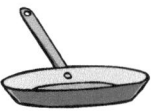

ping di guo

مقلاة

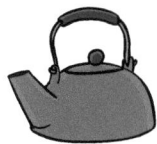

shui hu

غلاية

zheng guo

قدر البخار

kao pan

صينية

tao ci guo

أواني

ma ke bei

فنجان

wan

صحن

kuai zi

عيدان الأكل

chang bing shao

مغرفة

chan zi

ملعقة منبسطة

jiao ban qi

خفاقة

lü wang

مصفاة

shai zi

مصفاة

mo sui ji

مبشرة

yan bo

هاون

shao kao

شواء

ming huo

موقد

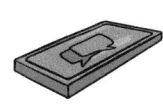

cai ban

لوح التقطيع

gan mian zhang

نشّابة

kai ping qi

مفتاح الزجاجات

guan zi

علبة

kai ping qi

مفتاح العلب المعدنية

ge re shou tao

قماش الفرن

shui cao

مجلى

shua zi

فرشاة

hai mian

إسفنج

jiao ban ji

خلاط

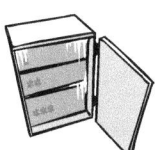

leng cang xiang

مجمّدة

nai ping

زجاجة الطفل

shui long tou

صنبور الماء

yu shi

الحمّام

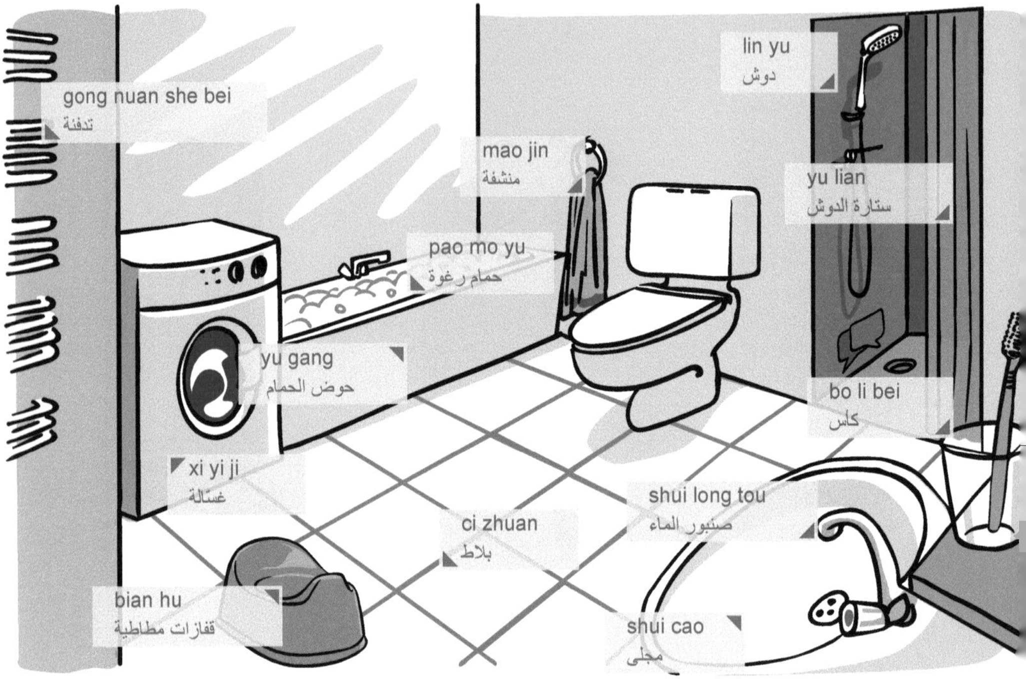

lin yu
دوش
gong nuan she bei
تدفئة
mao jin
منشفة
yu lian
ستارة الدوش
pao mo yu
حمام رغوة
yu gang
حوض الحمام
bo li bei
كأس
xi yi ji
غسّالة
shui long tou
صنبور الماء
ci zhuan
بلاط
bian hu
قفازات مطاطية
shui cao
مجلى

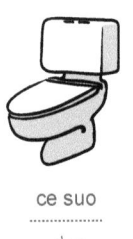

ce suo

حمام

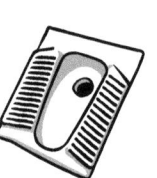

dun bian qi

مرحاض القرفصاء

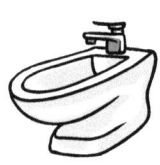

zuo yu qi

حوض التشطيف

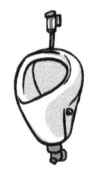

xiao bian chi

مبولة

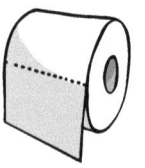

ce zhi

ورق المرحاض

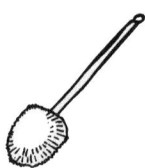

ma tong shua

فرشاة الحمام

ya shua

فرشاة الأسنان

ya gao

معجون الأسنان

ya xian

خيط حرير لتنظيف الأسنان

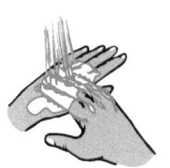

xi

يغسل

shou chi shi pen lin tou

رشاش ماء يدوي

chong xi qi

شطاف

xi lian pen

حوض الغسيل

ca bei shua

فرشاة الظهر

fei zao

صابون

mu yu lu

جيل الدوش

xi ta shui

شامبو

ta lan rong

ممسحة

pai shui

مصرف للماء

ru shuang

مرهم

chu chou ji

مزيل الروائح

jing zi

مرآة

shou jing

مرآة يد

ti xu dao

موس حلاقة

ti xu pao mo

رغوة الحلاقة

xu hou shui

كولونيا

shu zi

مشط

shua zi

فرشاة

chui feng ji

سشوار

pen fa ding xing ji

مثبت للشعر

hua zhuang pin

ماكياج

chun gao

روج

zhi jia you

طلاء أظافر

hua zhuang mian

قطن

zhi jia jian

مقص أظافر

xiang shui

عطر

xi shu bao

سلة الغسيل

deng zi

مقعد صغير

ji zhong cheng

ميزان

yu pao

معطف الحمام

xiang jiao shou tao

قفازات مطاطية

wei sheng mian tiao

سدادة قطنية

wei sheng jin

منشفة صحية

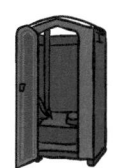

hua xue ce suo

تواليت كيميائية

er tong fang
غرفة الأطفال

nao zhong
منبّه
mao rong wan ju
الحيوانات المحنطة
wan ju che
سيارة لعبة
bo lang gu
خشخشة
wan ju wu
بيت الدمى
li wu
هدية

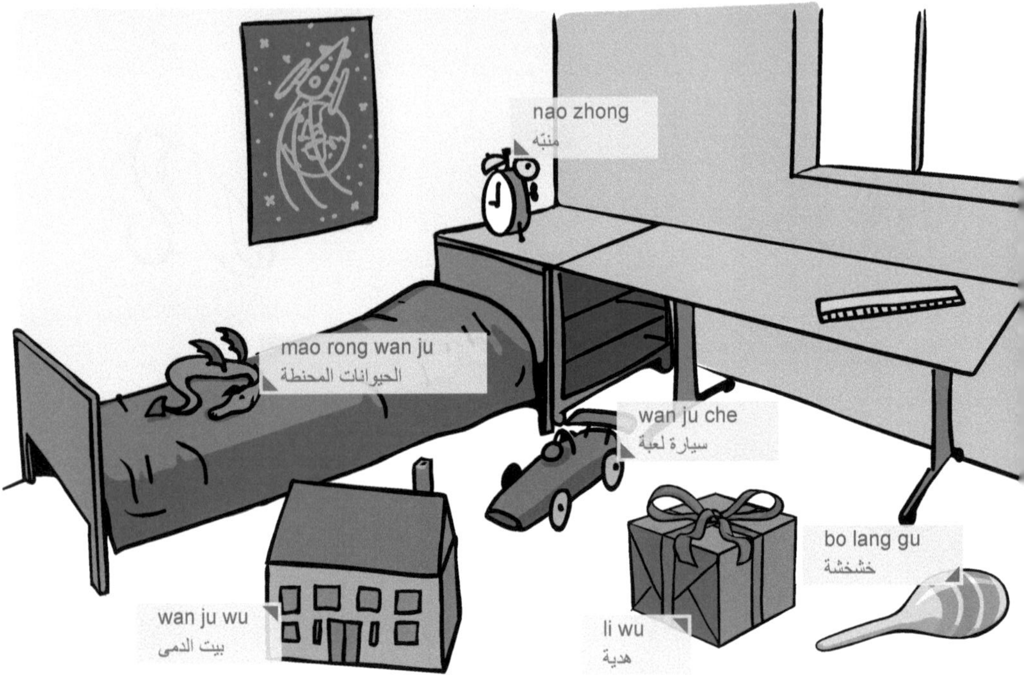

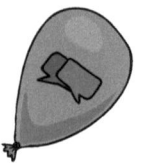

qi qiu

بالون

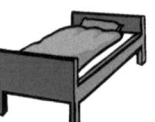

chuang

سرير

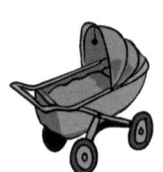

(yang wa wa yong)ying er che

عربة الأطفال

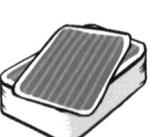

pu ke pai

لعبة الورق

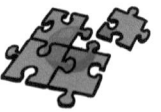

pin tu

أحجية

man hua

رسوم هزلية

le gao ji mu

أحجار الليغو

ji mu wan ju

حجارة تركيب

wan ju ren

دمية بطل

ying er fu

لباس الطفل

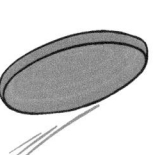

fei pan

فريسبي

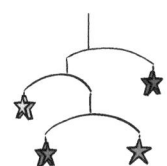

chuang ling wan ju

دمية معلقة

qi pan you xi

لعبة الطاولة

shai zi

لعبة النرد

huo che mo xing

لعبة قطار

an fu nai zui

مصّاصة

ju hui

حفلة

hui ben

كتاب مصوّر

qiu

كرة

yang wa wa

دمية

wan

يلعب

sha keng

ملعب رملي للأطفال

qiu qian

أرجوحة

wan ju

لعبة

you xi ji

ألعاب فيديو

san lun che

دراجة ثلاثية

tai di xiong

دمية على شكل الدب

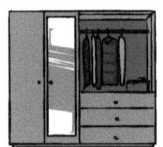

yi chu

خزانة الثياب

yi fu

ثياب

wa zi

جوارب قصيرة

chang wa

جوارب طويلة

jin shen ku

جورب بنطلون

wei jin
شال

yu san
شمسية

T xu
تي شيرت

pi dai
حزام

xue zi
حذاء شتوي

tuo xie
شبشب

yun dong xie
أحذية رياضية

liang xie
صندل

xie
حذاء

yu xue
جزمة كاوتشوك

nei ku
سروال داخلي

xiong zhao
صدّارة

bei xin
قميص داخلي

shen ti

لباس ملاصق للجسم

ku zi

بنطلون

niu zai ku

جينز

duan qun

تنورة

nü shi chen shan

بلوزة

chen shan

قميص

tao tou shan

سترة قطنية

wei yi

كنزة كم طويل

xi zhuang jia ke

سترة فضفاضة

jia ke

سترة

wai tao

معطف

yu yi

معطف مطري

tao zhuang

زي - طقم نسائي

lian yi qun

ثوب

hun sha

ثوب الزفاف

xi zhuang

طقم

shui pao

قميص نوم

shui yi

بيجاما

sha li

ساري

tou jin

حجاب

bao tou jin

عمامة

bo ka

برقع

ka fu tan

قفطان

(a la bo shi)chang pao

عباءة

yong yı

مايوه

nan shı yong ku

سروال سباحة

duan ku

شرت

yun dong fu

بدلة رياضية

wei qun

مئزر

shou tao

قفازات

niu kou

زر

yan jing

نظّارة

shou lian

إسوارة

xiang lian

عقد

jie zhi

خاتم

er huan

قرط

bian mao

طاقيّة

yi jia

علاقة ثياب

mao zi

قبّعة

ling dai

ربطة العنق

la lian

سحّاب

tou kui

خوذة

bei dai

حمّالة البنطلون

xiao fu

اللباس المدرسي

zhi fu

زي موحّد

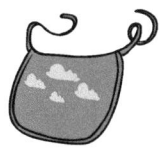

wei dou

مريلة الأطفال

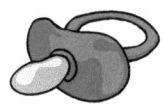

an fu nai zui

مصّاصة

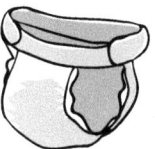

niao bu shi

لفافة

ban gong shi

مكتب

fu wu qi
المخدّم
wen jian gui
خزانة الملفات
zhi
ورقة
da yin ji
طابعة
xian shi ping
شاشة
ban gong zhuo
طاولة المكتب
shu biao
فارة
wen jian jia
ملف
jian pan
لوحة المفاتيح
fei zhi kuang
قماما
dian nao
حاسوب
yi zi
كرسي

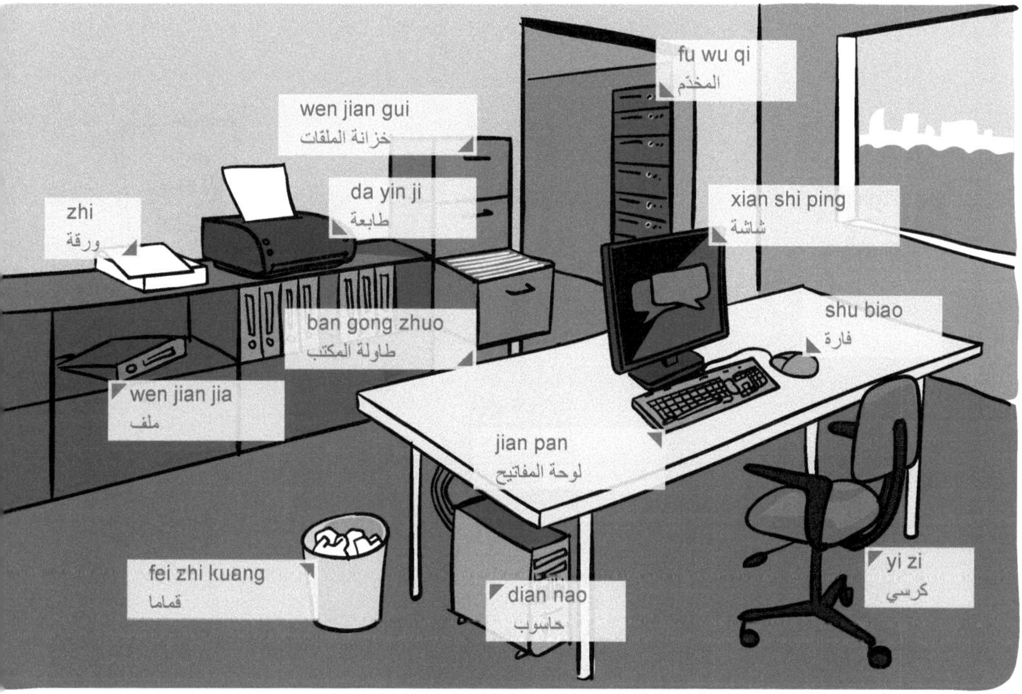

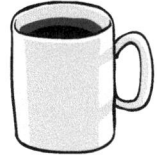

ka fei bei

كأس من القهوة

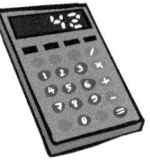

ji suan qi

الآلة الحاسبة

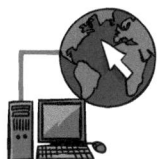

yin te wang

الإنترنت

bi ji ben dian nao

الحاسوب المحمول

xin jian

رسالة

xiao xi

خبر

shou ji

الهاتف المحمول

wang luo

شبكة

fu yin ji

جهاز تصوير

ruan jian

البرمجيات

dian hua

هاتف

cha zuo

مقبس كهربائي

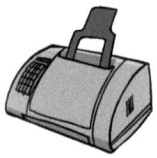

chuan zhen ji

فاكس

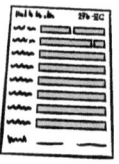

biao ge

استمارة

wen jian

وثيقة

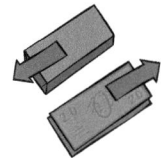

mai

يشتري

fu qian

يدفع

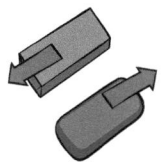

jiao yi

يتاجر

xian jin

مال

mei yuan

دولار

ou yuan

يورو

ri yuan

ين

lu bu

روبل

rui shi fa lang

فرنك سويسري

ren min bi

يوان

lu bi

روبية

ti kuan chu

صرّاف آلي

wai bi dui huan chu

مكتب صرافة

jin

ذهب

yin

فضة

shi you

نفط

neng yuan

طاقة

jia ge

سعر

he tong

عقد

shui jin

ضريبة

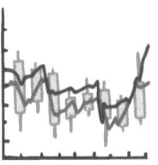

gu piao

سهم

gong zuo

يعمل

zhi yuan

موظف

lao ban

رب العمل

gong chang

مصنع

shang dian

متجر

zhi ye

المِهَن

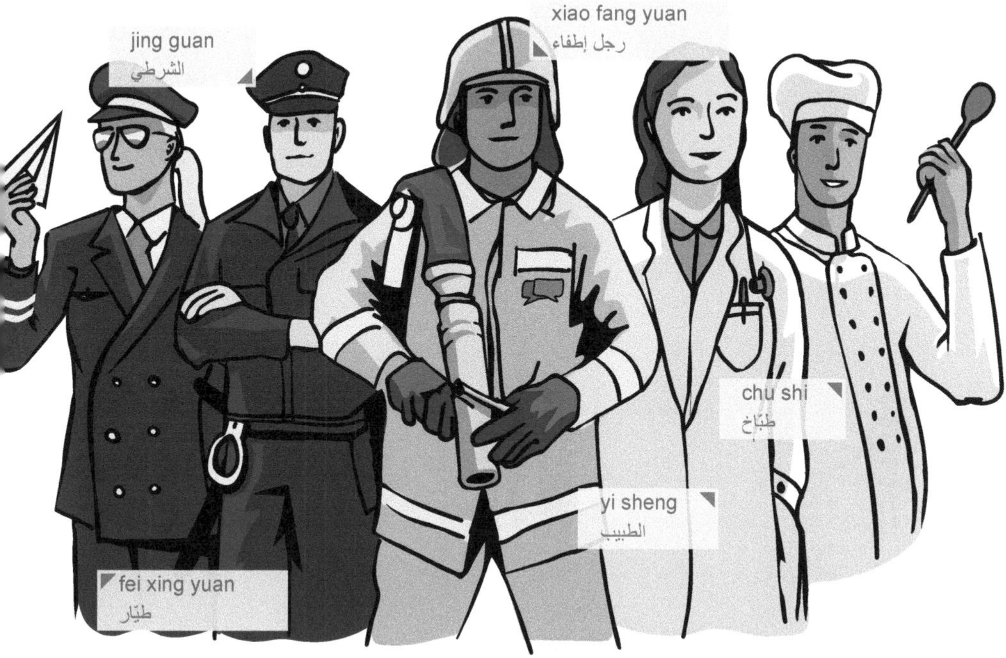

jing guan
الشرطي
xiao fang yuan
رجل إطفاء
chu shi
طبّاخ
yi sheng
الطبيب
fei xing yuan
طيّار

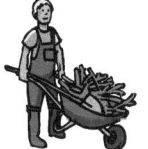

yuan ding

بستاني

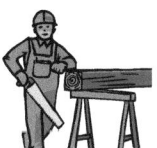

mu jiang

نجّار

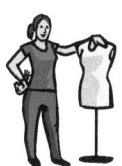

cai feng

خيّاطة

fa guan

قاض

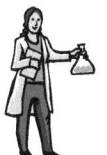

hua xue jia

كيميائي

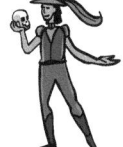

yan yuan

ممثل

gong jiao che si ji

سائق حافلة

chu zu che si ji

سائق تاكسي

yu fu

صياد سمك

qing jie nü gong

أجيرة للتنظيف

wu ding gong

بنّاء سقف

fu wu yuan

نادل

lie ren

صيّاد

hua jia

رسّام

mian bao shi

خباز

dian gong

كهربائي

jian zhu gong ren

عامل بناء

gong cheng shi

مهندس

tu fu

لحّام

shui guan gong

سمكري

you di yuan

ساعي البريد

shi bing

جندي

jian zhu shi

مهندس معماري

shou yin yuan

أمين صندوق

hua nong

بائع الزهور

li fa shi

حلاق

shou piao yuan

مراقب القطار

ji xie shi

ميكانيكي

chuan zhang

قبطان

ya yi

طبيب أسنان

ke xue jia

رجل العلم

la bi

حاخام

yi ma mu

إمام

he shang

راهب

mu shi

كاهن

gong ju

عدة عمل

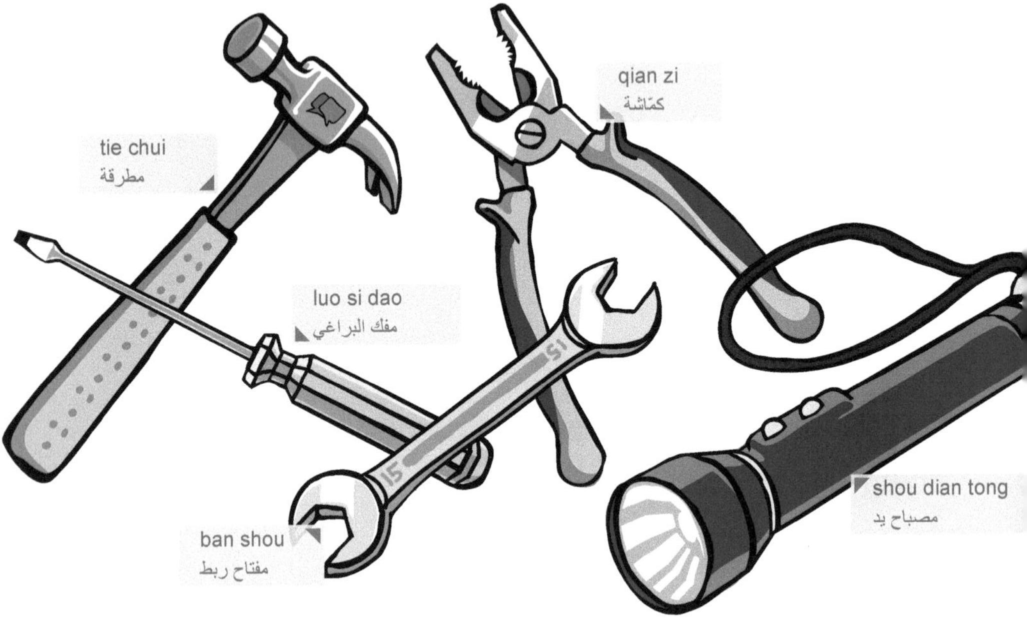
tie chui
مطرقة
qian zi
كمّاشة
luo si dao
مفك البراغي
ban shou
مفتاح ربط
shou dian tong
مصباح يد

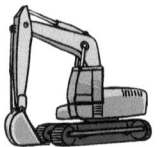

wa jue ji

جرافة

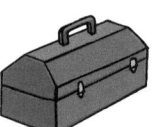

gong ju xiang

صندوق العدة

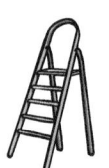

ti zi

سلّم

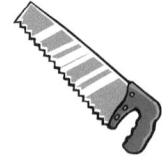

ju zi

منشار

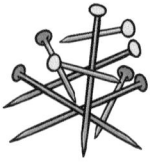

ding zi

مسامير

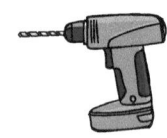

zuan ji

مثقب

xiu

يصلح

chan zi

مجرفة

kao!

اللعنة

bo ji

لقاطة الكناسة

you qi tong

سطل الألوان

luo si

براغي

yue qi

آلات موسيقية

yang sheng qi
مكبر الصوت

da ji yue qi
آلات الإيقاع ◄

ji ta
غيتار ◄

◄ di yin ti qin
كمان أجهر

xiao hao
بوق

gang qin

بيانو

xiao ti qin

كمنجة

bei si

جهير

ding yin gu

طبل كبير

gu

طبل

dian zi qin

بيانو كهرباني

sa ke si guan

ساكسوفون

chang di

ناي

mai ke feng

ميكروفون

dong wu yuan

حديقة حيوانات

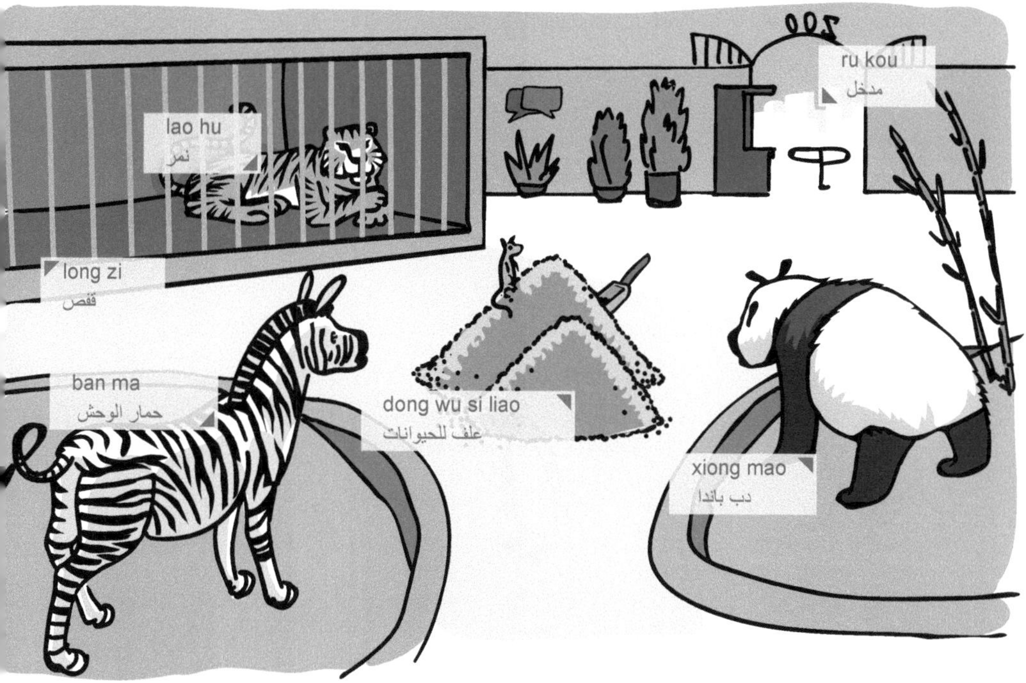

ZOO
ru kou
مدخل
lao hu
نمر
long zi
قفص
ban ma
حمار الوحش
dong wu si liao
علف للحيوانات
xiong mao
دب باندا

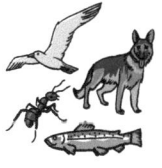

dong wu

حيوانات

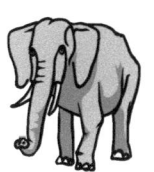

da xiang

فيل

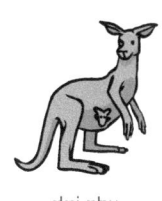

dai shu

كنغر

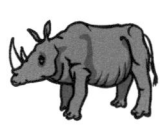

xi niu

وحيد القرن

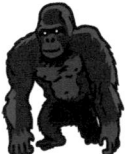

da xing xing

غوريلا

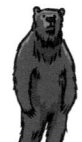

xiong

دب

luo tuo

جمل

tuo niao

نعامة

shi zi

أسد

hou zi

قرد

huo lie niao

طائر فلامينغو

ying wu

ببغاء

bei ji xiong

دب قطبي

qi e

بطريق

sha yu

سمك القرش

kong que

طاووس

she

أفعى

e yu

تمساح

dong wu yuan guan li yuan

حارس في حديقة الحيوان

hai bao

عجل البحر

mei zhou bao

نمر أمريكي مرقط

ai zhong ma

فرس قزم

bao

نمر

he ma

فرس النهر

chang jing lu

زرافة

lao ying

نسر

ye zhu

خنزير برّي

yu

سمك

gui

سلحفاة

hai xiang

حيوان فظ البحري

hu li

ثعلب

ling yang

غزال

gan lan qiu
كرة القدم الأمريكية

qi zi xing che
ركوب الدراجات

wang qiu
كرة التنس

lan qiu
كرة السلة

you yong
السباحة

quan ji
الملاكمة

bing qiu
هوكي الجليد

ying shi zu qiu

كرة القدم

yu mao qiu

الريشة الطائرة

tian jing

ألعاب القوى الخفيفة

shou qiu

كرة اليد

hua xue

التزلج على الثلج

ma qiu

بولو

huo dong
نشاطات

tiao
يقفز
yong bao
يعانق
xiao
يضحك
zou lu
يمشي
chang
يغنّي
zuo meng
يحلم
qi dao
يصلّي
qin wen
يقبل

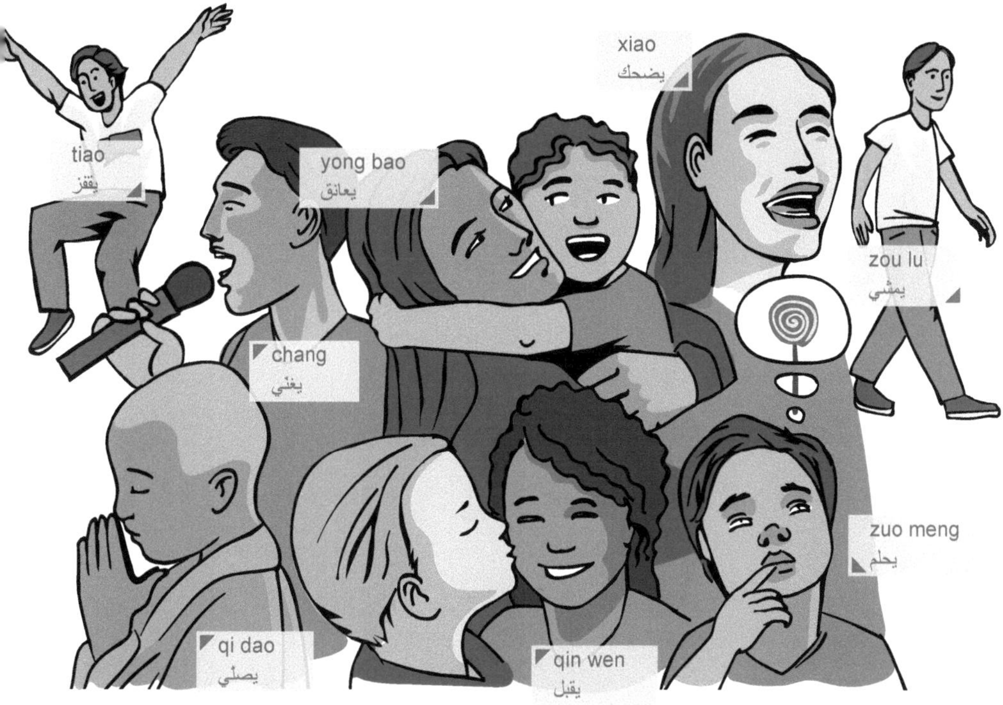

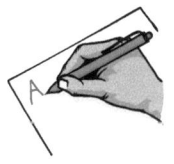

shu xie

يكتب

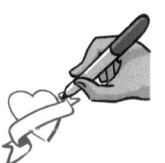

hua

يرسم

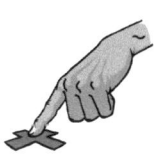

zhan shi

يُري

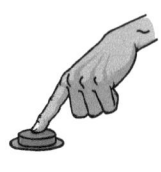

tui

يدفع

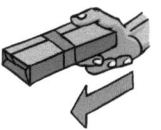

gei

يعطي

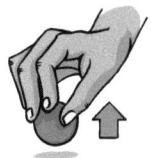

na

يأخذ

you

يملك

zuo

يعمل

dang

يوجد

zhan

يقف

pao

يركض

la

يسحب

reng

يرمي

shuai dao

يقع

tang

يستلقي

deng dai

ينتظر

xie dai

يحمل

zuo

يجلس

chuan yi

يلبس

shui jiao

ينام

xing lai

يستيقظ

kan

ينظر إلى ..

ku

يبكي

fu mo

يمسّد

shu tou

يمشّط

jiao tan

يتكلم

ming bai

يفهم

wen

يسأل

ting

يسمع

he

يشرب

chl

يأكل

qing li

يرنب

ai

يحب

zuo fan

يطبخ

kai che

يقود

fei

يطير

hang xing

ييحر بزورق شراعي

ji suan

يحسب

du

يقرأ

xue xi

يتعلم

gong zuo

يعمل

jie hun

يتزوج

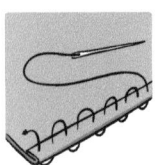

feng

يخيط

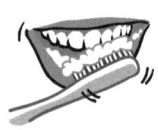

shua ya

ينظف أسنانه

sha

يقتل

chou yan

يدخّن

ji

يرسل

jia
عائلة

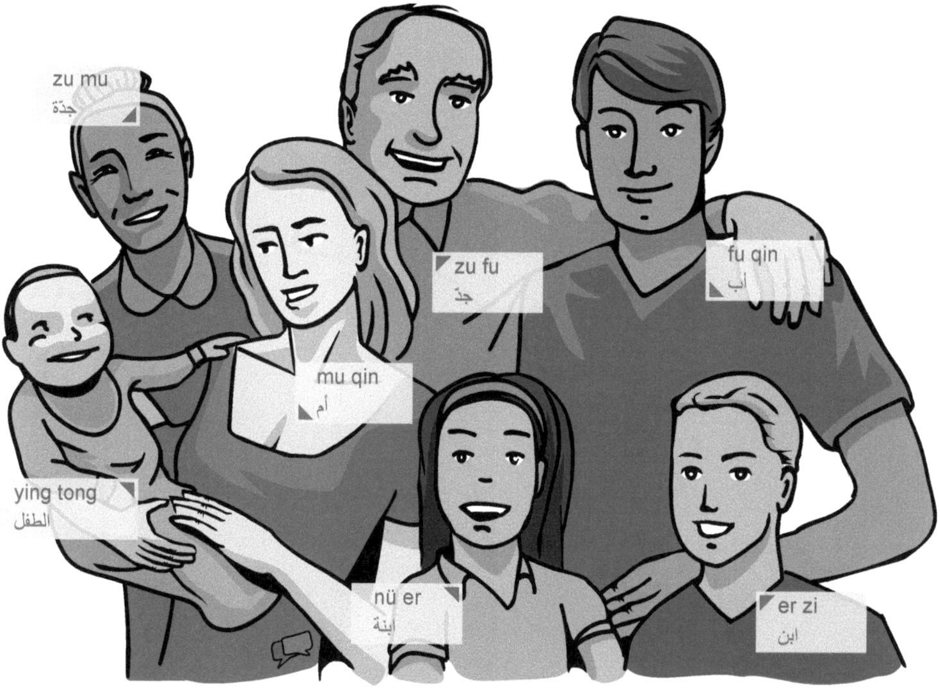

zu mu
جدّة
zu fu
جدّ
fu qin
أب
mu qin
أم
ying tong
الطفل
nü er
ابنة
er zi
ابن

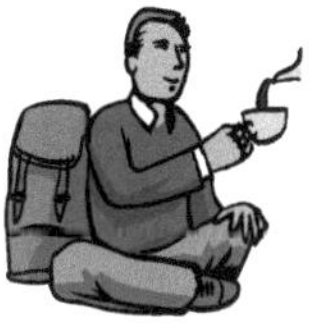

ke ren
....
ضيف

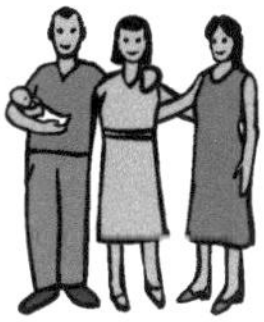

a yi
....
عمّة / خالة

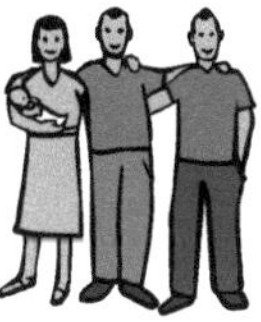

shu shu
....
عمّ / خال

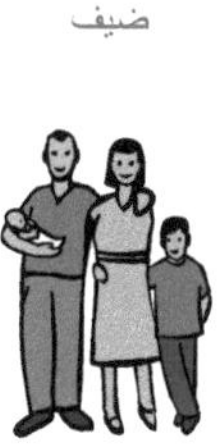

xiong di
....
أخ

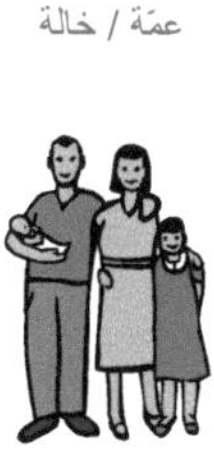

jie mei
....
أخت

shen ti

الجسم

qian e
الجبين
yan jing
العين
jian bang
الكتف
shou zhi
الإصبع
lian
الوجه
xia ba
الذقن
shou
اليد
tui
الساق
ru fang
الصدر
shou bi
الذراع

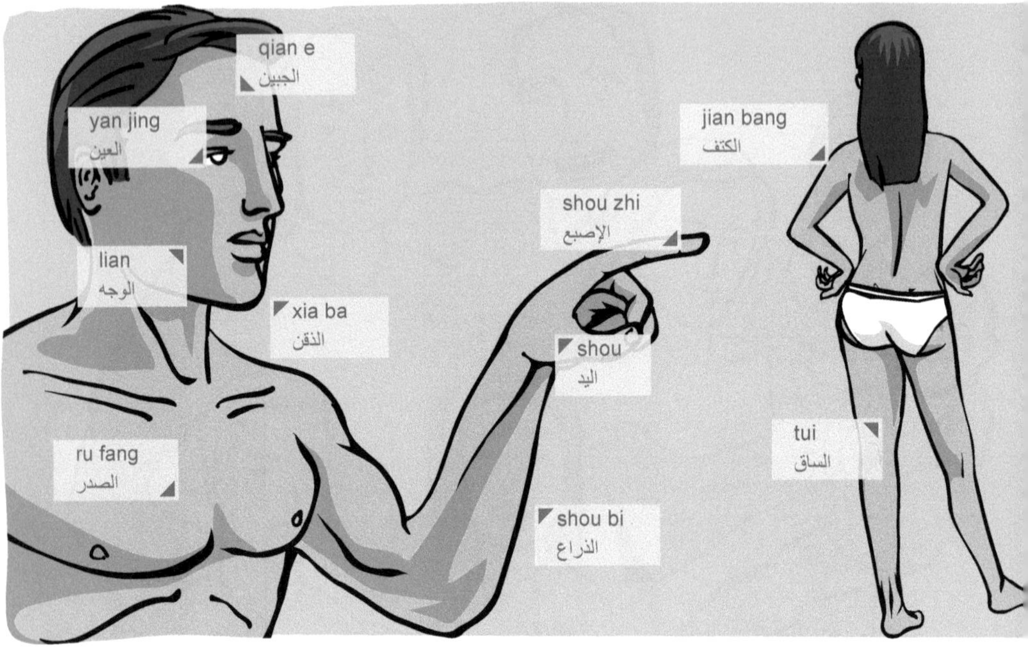

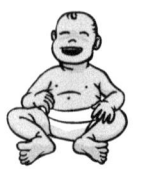

ying tong
الطفل

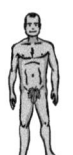

nan ren
الرجل

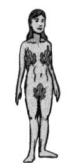

nü ren
المرأة

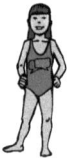

nü hai
البنت

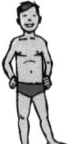

nan hai
الولد

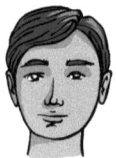

tou
الرأس

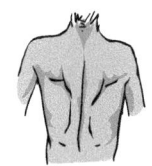

bei bu

الظهر

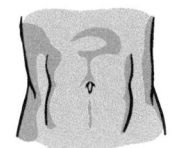

du zi

البطن

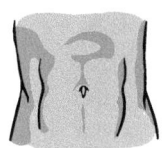

du qi

السرّة

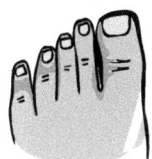

jiao zhi

إصبع القدم

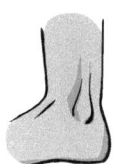

jiao hou gen

الكعب

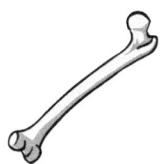

gu tou

العظم

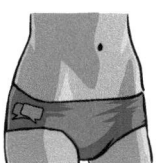

tun bu

الورك

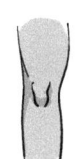

xi gai

الركبة

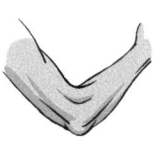

shou zhou

المرفق

bi zi

الأنف

pi gu

العجُز

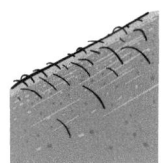

pi tu

البشرة

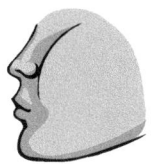

lian jia

الخد

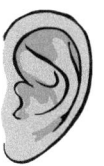

er duo

الأذن

zui chun

الشفة

zui

الفم

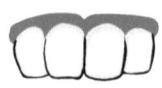

ya chi

السن

she tou

اللسان

nao

الدماغ

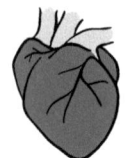

xin zang

القلب

ji rou

العضلة

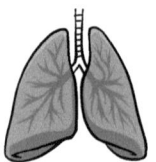

fei

الرئة

gan zang

الكبد

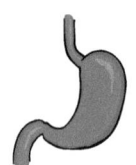

wei

المعدة

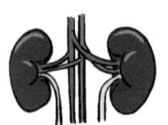

shen zang

الكلى

xing jiao

الاتصال الجنسي

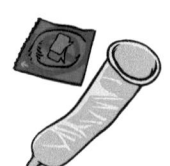

bi yun tao

الواقي المطاطي

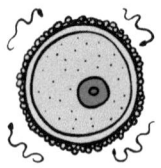

luan zi

البويضة

jing zi

المنيّ

huai yun

الحمل

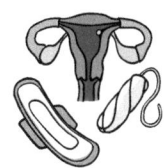

yue jing

الحيض

yin dao

المهبل

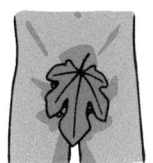

yin jing

القضيب

mei mao

الحاجب

tou fa

الشعر

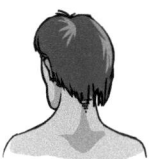

bo zi

الرقبة

yi yuan
المستشفى

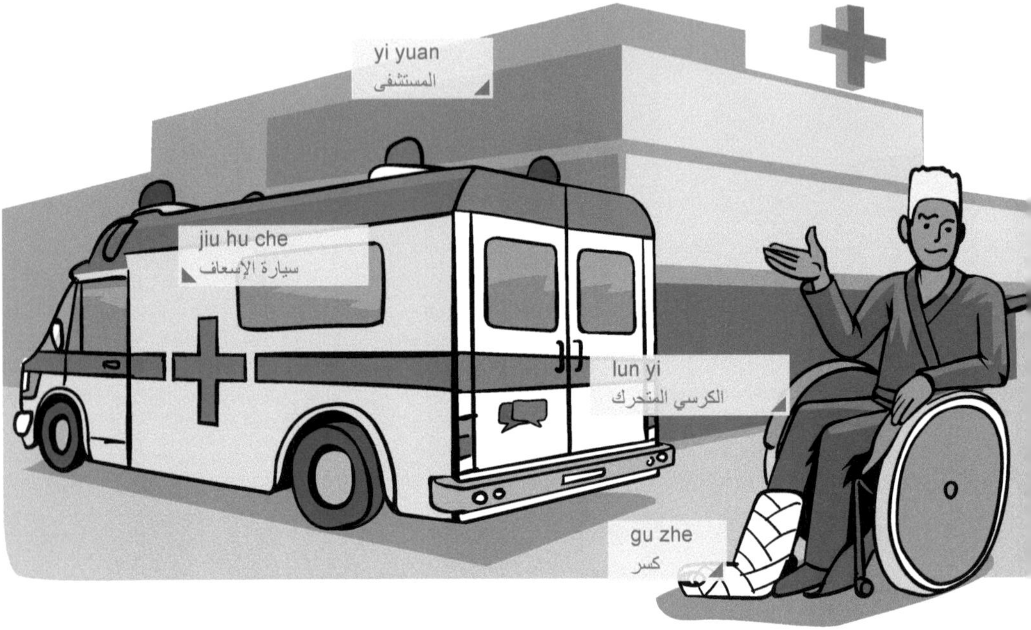

yi yuan
المستشفى
jiu hu che
سيارة الإسعاف
lun yi
الكرسي المتحرك
gu zhe
كسر

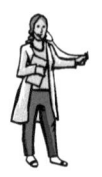

yi sheng

الطبيب

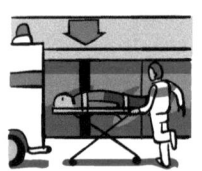

ji zhen shi

غرفة الإسعاف

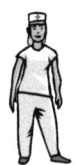

hu shi

الممرضة

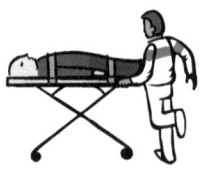

jin ji qing kuang

حالة

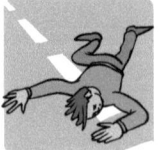

hun mi

مغمى عليه

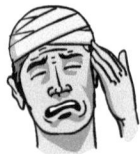

tong

الألم

shou shang

إصابة

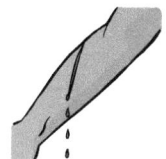

chu xue

النزيف

xin zang bing fa zuo

احتشاء القلب

zhong feng

جلطة

guo min

حسسية

ke sou

السعال

fa shao

الحُمَّى

liu gan

إنفلونزا

fu xie

الإسهال

tou tong

وجع الرأس

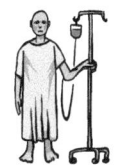

ai zheng

السرطان

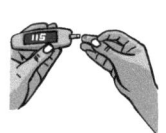

tang niao bing

مرض السكر

wai ke yi sheng

جرّاح

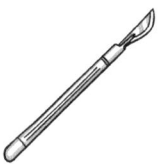

shou shu dao

مبضع

shou shu

عملية

CT

سيتي سكان

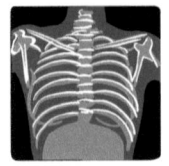

X guang

الأشعة السينية

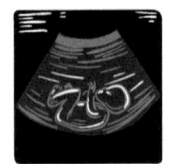

chao sheng bo

فوق الصوتي

kou zhao

القناع

ji bing

المرض

hou zhen shi

غرفة الانتظار

guai zhang

العُكّاز

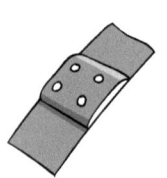

shi gao

شريط لاصق

beng dai

ضماد

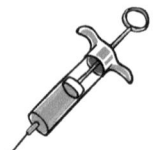

zhu she

حقنة

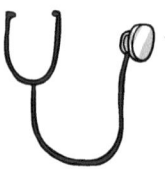

ting zhen qi

سمّاعة الطبيب

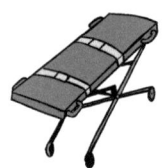

dan jia

نقالة

ti wen ji

ميزان حرارة

chu sheng

ولادة

chao zhong

وزن زائد

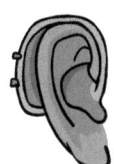

zhu ting qi

جهاز السمع

xiao du ye

المواد المعقمة

gan ran

عدوى

bing du

فيروس

ai zi bing

الإيدز

yao wu

الطب

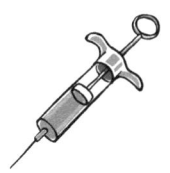

jie zhong yi miao

اللقاح

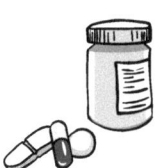

yao pian

أقراص الدواء

yao wan

حبّة الدواء

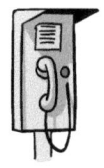

ji jiu dian hua

نداء النجدة

xue ya ji

مقياس ضغط الدم

sheng bing/jian kang

مريض / صحيح

jiu ming!

النجدة!

jing bao

إنذار

tu ji

اعتداء

gong ji

هجوم

wei xian

خطر

jin ji chu kou

مخرج طوارئ

zhao huo la!

حريق!

mie huo qi

جهاز الإطفاء

yi wai

حادث

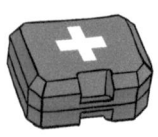

ji jiu xiang

حقيبة الإسعاف الأولي

hu jiu xin hao

أنقذونا

jing cha

الشرطة

ou zhou

أوروبا

bei mei zhou

أمريكا الشمالية

nan mei zhou

أمريكا الجنوبية

fei zhou

أفريقيا

ya zhou

آسيا

ao zhou

أستراليا

da xi yang

المحيط الأطلسي

tai ping yang

المحيط الهادي

yin du yang

المحيط الهندي

nan bing yang

المحيط المتجمد الجنوبي

bei bing yang

المحيط المتجمد الشمالي

bei ji

القطب الشمالي

nan ji

القطب الجنوبي

nan ji zhou

منطقة القطب الجنوبي

di qiu

أرض

lu di

بر

hai

بحر

dao

جزيرة

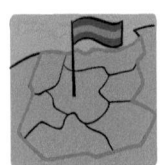

guo jia

أمة

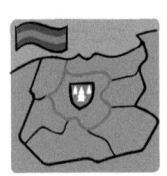

guo jia

دولة

zhong mian

ميناء الساعة

shi zhen

عقرب الساعات

fen zhen

عقرب الدقائق

miao zhen

عقرب الثواني

xian zai ji dian?

كم الساعة الآن؟

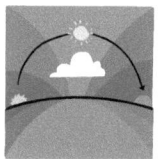

tian

يوم

shi jian

زمن

xian zai

الآن

dian zi biao

ساعة رقمية

fen

دقيقة

shi

ساعة

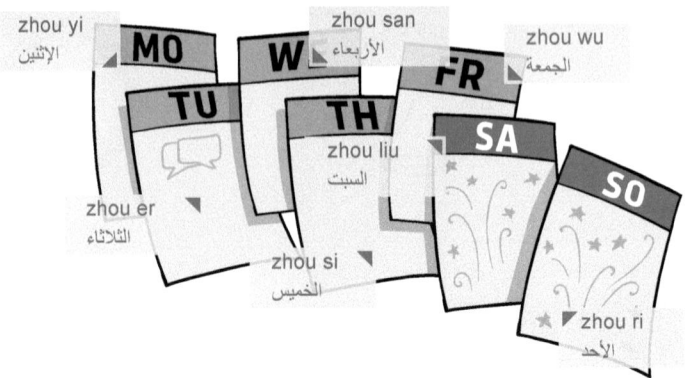

zhou yi — الإثنين
zhou san — الأربعاء
zhou wu — الجمعة
zhou er — الثلاثاء
zhou liu — السبت
zhou si — الخميس
zhou ri — الأحد

zuo tian

الأمس

jin tian

اليوم

ming tian

غدا

zao chen

الصباح

zhong wu

الظهر

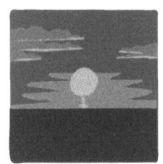

wan shang

المساء

MO	TU	WE	TH	FR	SA	SU
1	2	3	4	5	6	7
8	9	10	11	12	13	14
15	16	17	18	19	20	21
22	23	24	25	26	27	28
29	30	31	1	2	3	4

gong zuo ri

أيام العمل

MO	TU	WE	TH	FR	SA	SU
1	2	3	4	5	6	7
8	9	10	11	12	13	14
15	16	17	18	19	20	21
22	23	24	25	26	27	28
29	30	31	1	2	3	4

zhou mo

نهاية الأسبوع

nian
سنة

yu
مطر
cai hong
قوس قزح
feng
ريح
xue
ثلج
chun
الربيع
qiu
الخريف
xia
الصيف
dong
الشتاء

4.APRIL 11°
5.APRIL 4°
6.APRIL 13°
7.APRIL 8°
8.APRIL 10°

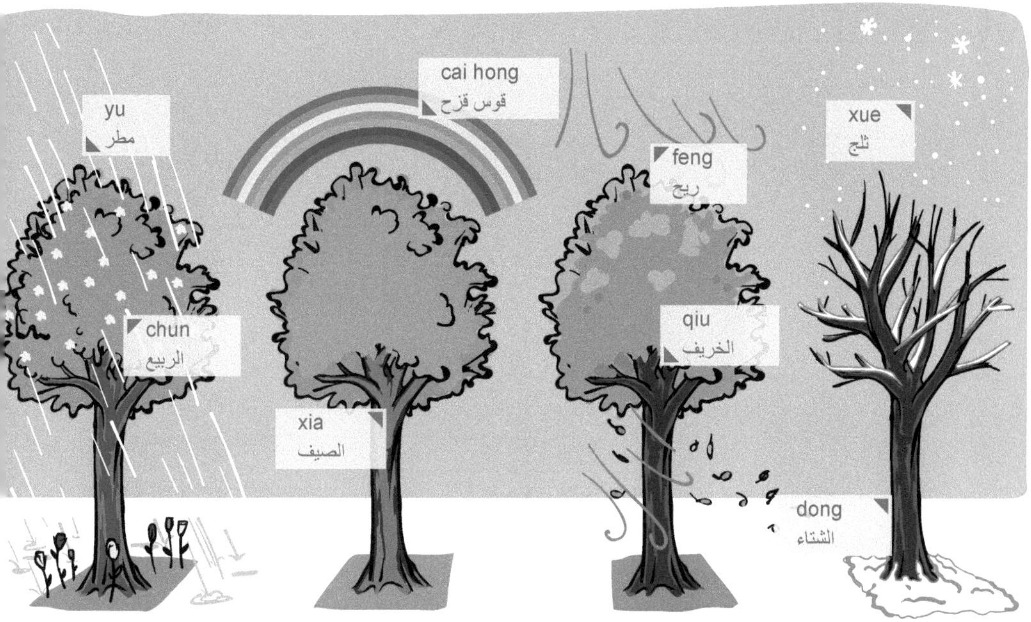

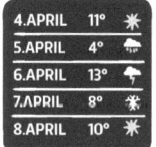

tian qi yu bao

التنبّؤ بالحالة الجوية

F C
120 90 60 30 0 -30
40 30 20 10 0 -10 30

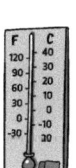

wen du ji

مقياس حرارة

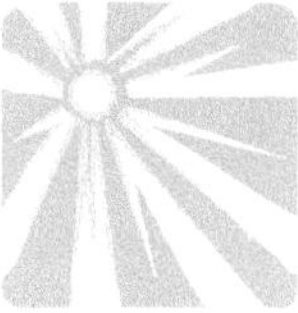

yang guang

ضوء الشمس

yun

سحابة

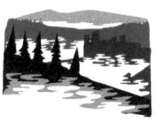

wu

ضباب

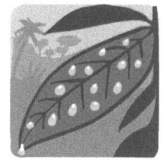

chao shi

رطوبة الجو

shan dian

برق

da lei

رعد

feng bao

عاصفة

bing bao

بَرَد

ji feng

ريح موسمية

hong shui

طوفان

bing

جليد

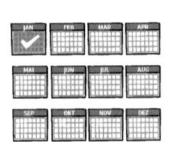

yi yue

كانون الثاني / يناير

er yue

شباط / فبراير

san yue

آذار / مارس

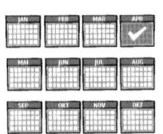

si yue

نيسان / أبريل

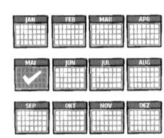

wu yue

أيار / مايو

liu yue

حزيران / يونيو

qi yue

تموز / يوليو

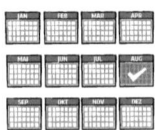

ba yue

أب / أغسطس

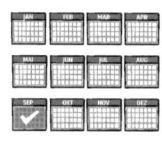

jiu yue
....
أيلول / سبتمبر

shi yue
....
تشرين الأول / أكتوبر

shi yi yue
....
تشرين الثاني / نوفمبر

shi er yue
....
كانون الأول / ديسمبر

xing zhuang

أشكال

yuan xing
....
دائرة

zheng fang xing
....
مربّع

chang fang xing
....
مستطيل

san jiao xing
....
مثلّث

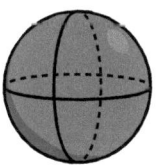

qiu ti
....
كرة

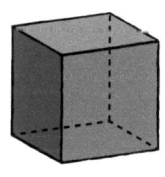

li fang ti
....
مكعب

bai

أبيض

huang

أصفر

cheng

برتقالي

fen

وردي

hong

أحمر

zi

بنفسجي

lan

أزرق

lü

أخضر

zong

بني

hui

رمادي

hei

أسود

hen duo/shao xu

كثير / قليل

sheng qi/ping jing

غضبان / هادئ

mei/chou

جميل / قبيح

shou/wei

بداية / نهاية

da/xiao

كبير / صغير

ming/an

فاتح / قاتم

xiong di/jie mei

أخ / أخت

gan jing/ang zang

نظيف / وسخ

wan zheng/que shi

كامل / ناقص

bai tian/wan shang

نهار / ليل

si/sheng

ميت / حيّ

kuan/zhai

عريض / ضيق

ke shi yong/fei shi yong

صالح للأكل / غير صالح

xie e/shan liang

شرّير / لطيف

xing fen/wu liao

مثير / ممل

pang/shou

سمين / نحيف

di yi/zui hou

أولا / أخيراً

peng you/di ren

صديق / عدو

man/kong

مليء / فارغ

ying/ruan

صلب / ليّن

zhong/qing

ثقيل / خفيف

e/ke

جوع / عطش

sheng bing/jian kang

مريض / صحيح

fei fa/he fa

غير شرعي / شرعي

cong ming/yu ben

ذكي / غبي

zuo/you

يسار / يمين

jin/yuan

قريب / بعيد

xin/jiu

جديد / مستعمل

mei you/you xie

لا شيء / بعض الشيء

lao/you

مسن / شاب

kai/guan

يشعل / يطفئ

da kai/he shang

مفتوح / مغلق

an jing/chao nao

خافت / عالٍ

fu/qiong

غني / فقير

dui/cuo

صح / خطأ

cu cao/guang hua

أخرش / أملس

shang xin/gao xing

حزين / سعيد

duan/chang

قصير / طويل

man/kuai

بطيء / سريع

shi/gan

مبلول / جاف

wen nuan/liang shuang

ساخن / بارد

zhan zheng/he ping

حرب / سلم

0

ling

صفر

1

yi

واحد

2

er

اثنان

3

san

ثلاثة

4

si

أربعة

5

wu

خمسة

6

liu

ستة

7

qi

سبعة

8

ba

ثمانية

9

jiu

تسعة

10

shi

عشرة

11

shi yi

أحد عشر

12
shi er

اثنا عشر

13
shi san

ثلاثة عشر

14
shi si

أربعة عشر

15
shi wu

خمسة عشر

16
shi liu

ستة عشر

17
shi qi

سبعة عشر

18
shi ba

ثمانية عشر

19
shi jiu

تسعة عشر

20
er shi

عشرون

100
bai

مائة

1.000
qian

ألف

1.000.000
bai wan

مليون

yin yu

الإنكليزية

mei shi ying yu

الإنكليزية الأمريكية

pu tong hua

لغة ماندارين الصينية

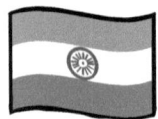

yin di yu

الهندية

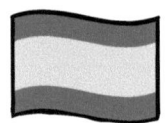

xi ban ya yu

الإسبانية

fa yu

الفرنسية

a la bo yu

العربية

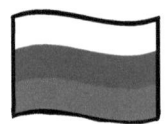

e yu

الروسية

pu tao ya yu

البرتغالية

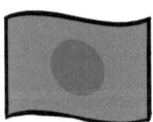

feng jia la yu

البنغالية

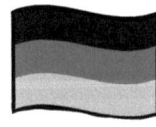

de yu

الألمانية

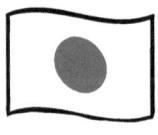

ri yu

اليابانية

wo

أنا

ni

أنت

ta/ta/ta

هو / هي

wo men

نحن

ni men

أنتم

ta men

هم

shei?

من؟

shen me?

ماذا؟

zen yang?

كيف؟

na li?

أين؟

shen me shi hou?

متى؟

ming zi

اسم

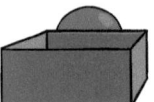

hou mian

خلف

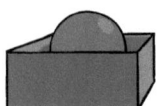

li mian

في

qian mian

أمام

shang fang

فوق

shang mian

على

xia mian

تحت

pang bian

جنب

zhong jian

بين

di dian

مكان